AF599884

GRAFFITI

POESÍA

HUERGA & FIERRO EDITORES

HUERGA Y FIERRO EDITORES, S. L. U.
C/ SEBASTIÁN HERRERA, 9
28012 MADRID (ESPAÑA)
TELÉFONO: 91 467 63 61
E. MAIL: huerga@huergayfierro.com
WEB: www.huergayfierro.com

PRIMERA EDICIÓN
2024

DISEÑO DE ÁNGEL LUIS VIGARAY

DEPÓSITO LEGAL: M-13168-2024 — I. S. B. N: 978-84-128764-3-7
IMPRESO EN ROMADAC Industria del Libro.
IMPRESO EN ESPAÑA

RÍE EL BULLICIO

Cesare Pría

RÍE EL BULLICIO

CESARE PRÍA

Prólogo
Luis Luna

GRAFFITI

HUERGA & FIERRO EDITORES

PRÓLOGO

HETEROTOPOS

8 notas en torno a *Ríe el bullicio* de Cesare Pría

> *Los territorios de la otredad son objetos privilegiados para entender el vínculo entre el tiempo y el lugar a través de una tradición compartida por un grupo social que los segrega de los lugares comunes, puesto que son construidos, consciente o inconscientemente, tanto a través de la práctica de su uso como del discurso sobre su significado.*
>
> MARÍA GARCÍA ALONSO

1. No describir el lugar, sino habitarlo y dentro de él encontrar *los* lugares. Los lugares, qué son, qué dimensión afectiva tienen, quién construye la habitabilidad, acaso solo la mirada y la voz. Lo que llamas poesía. Redimensionar lo recorrido mediante el afecto. Desdoblar la mirada.
2. Así el adverbio dónde se convierte en sujeto con memoria. El espacio es palabra, dices, el espacio es, también, dejar en el silencio. Y *continúa*.
3. ¿Quién habita el dónde? O más bien ¿qué dónde habita a qué quién? Este es el discurso. La sintaxis es también un dónde, nos dice el libro, la poesía (el edificio sobre el silencio) habita en la sintaxis diacrónica de lo escrito.
4. Sujeto y objeto. El objeto en el sujeto y viceversa. Ver el movimiento, la danza del lugar donde se *reside*.
5. Un documento, una arquitectura, una palabra haciéndose *del* tiempo.
6. En construcción, la ciudad, el sujeto. Baudelaire dixit: *Las nubes que pasan...allá lejos...las maravillosas nubes.*
7. El verso único: “solo el polvo revela el volumen de la luz”. En las manos de Pría el tiempo *tiembla*.
8. Verdad y poesía: el instante incesante, la voz que lo detiene. Admirar este mundo detenido para ser.

LUIS LUNA

Para Claudia y Elena

RÍE EL BULLICIO

1

En la esquina de la casa del cura de San José.
4 de abril de 1910.

La guardia municipal luciendo uniforme de gala. Inauguración oficial de las obras de la Gran Vía. Una compacta muchedumbre en la calle de Alcalá. El rey no quiere hablar. Le da miedo acordarse de que es solo una palabra. Teme al viento que esconde cada grito. *La casi totalidad de los concejales. Fiesta madrileña. Tienen especial interés en asociarse los representantes de todas las ideas.* La casa entre la multitud. El rey comprende que ya no es una casa. Su oquedad es el latido de los muertos. Paredes con nombre de sílabas desnudas. *El alcalde. El presidente del Consejo. Las voluntades firmes puestas al servicio de esta gran empresa. Cuanto ha ocurrido hasta el momento presente. Los esfuerzos realizados.* Todos los gritos. Siempre hay una llama en la voz que elige lo que arde y deslumbra el sentido. Cálida como una sombra en el silencio que cierra los ojos. Mirada en la que siempre falta lo que no se dice. *Casucas sospechosas. Callejones infectos que urge echar abajo. Punto de partida de una regeneración. De los progresos del mañana.* Las voces dicen que la casa tiene que caer. El rey calla. Se acerca a sus muros de yesca. *Van a expropiarse trescientas cincuenta y dos fincas en una superficie de cien mil metros cuadrados. Desparecerán diecinueve calles. El gobierno. Parco en palabras y pródigo en hechos. Aire. Salud y comodidad para todos.* Le entregan la piqueta. En silencio se estremece. Todos los gritos. Los ojos que miran. El rey sabe que él también vive en el equilibrio del viento. *Piqueta de plata. El rey da un pequeño golpe junto a la reja de la ventana. El alcalde dice: «¡Viva el Rey!». Un concejal republicano dice: «¡Viva el pueblo!».* Cae la casa. El rey tiembla. Solo el polvo revela el volumen de la luz.

2

Las familias permanecían en sus casas hasta recibir la orden de desahucio, con complicaciones en los repartos de luz y agua. Domingo Barrero decidió mantener su taberna incluso tras la aprobación del proyecto de la Gran Vía, su derribo se produjo en 1915 y se trasladó a una calle mucho más humilde. Bernabé Maza fue expulsado de su local en el número 3 de la calle Ceres con motivo de las obras de derribo. Quedó solo el recuerdo.

Si supiera
decirle a mi madre
que no hay
ningún idioma
en las paredes
desnudas,
que la tristeza
se pronuncia
con el temblor
de los labios
que se despiden
y con los ojos
que arañan
la última luz
de los espejos.
Si comprendiese
todo lo que abarca
el lenguaje
entre las manos
de la memoria.
Entonces lo sabría:
el polvo
es la voz
del derrumbe,

pero las palabras
solo vuelan
con nosotros.

La Gran Vía avanza arrasadora, como ciclón preparado por los arquitectos. Un Madrid diferente e inesperado se ha concentrado para distraernos en esta aparición de ruinas pintorescas. Cuando se derribó la antigua calle de la Reina o cuando se desmanteló la calle de Jacometrezo que se defendió cuanto pudo y toda ella quería vivir unos días más; las casas de huéspedes cobrar una última quincena y lo bares aprovechar las últimas botellas abiertas.

El vaso colmado
con la rotundidad
del tiempo.
Apurarlo es saber
que termina la huida.
El mundo
que contienen
sus labios de cristal.

Reflejo
que se agota.

Todo lo que
brilló
más allá
de las manos.

Un último beso.

Y cerrar

por fin

la puerta.

Cuando leímos lo que iba a pasar en el querido barrio de mamá con aquella excentricidad del Ministerio de la Gobernación de montar allí unos Campos Elíseos, la llevamos al pueblo y le dijimos que queríamos arreglar la casa. Ella sonrió con su boca sin dientes y nos dijo que tuviéramos cuidado de no estropear nada. Nosotros asentimos preocupados de que ella, por más ciega que estuviera, lograse leer los grandes titulares que anunciaban nuestra patraña piadosa.

3

Calle Ceres, 26. Bajo, principal y segundo. 75 pesetas al mes. 3 habitantes (1 encargada y 2 pupilas). Calle Ceres, 10. Segundo. 35 pesetas al mes. 4 habitantes (1 pupila y una sirvienta). Calle Ceres, 6 y 8. Principal. 30 pesetas al mes. 2 habitantes (1 pupila). Calle Ceres, 3. Principal. 35,50 pesetas al mes. 2 habitantes (1 pupila). Calle Ceres, 13. Principal, segundo y buhardilla. 75 pesetas al mes. 10 habitantes (5 pupilas). Calle Ceres, 17. Principal. 85 pesetas al mes. 5 habitantes (4 Pupilas).

Tu cuerpo es un grito
desprendido de ti.
Abandonado a la voz
que aguarda en la risa
con la sangre afinada
entre el tumulto que espera.

Tu cuerpo despojado.

Tu piel para brindar
el ahogo que te asfixia.
Ni si quiera ya tu nombre
para morder el silencio.

Solo la sangre
que devora.

Cerradas a cal y canto por rejas de hierro que cortaban de raíz la libertad de las pupilas empadronadas en sus viviendas.

Tu nombre es una excusa
del precio de tu piel.

No debe importarte
lo que desnude la puerta.
La náusea se contiene
con la mirada en el techo.
Deja que te hable
la severidad de las manos,
mampostería que yaces
para la exploración de los dedos,
y que solo tiemblen los orificios
con el impulso
de la sangre afinada:
el miedo es un silencio
que se olvida con la mansedumbre.
Abre bien la boca
y usa los dientes.
No olvides la lengua.
Quizá recuerden el precio
pero jamás tu nombre.

Calle del amor, dedicada galantemente a la diosa de las labores agrícolas, con casuchas bajas en donde hacen tertulia los soldados. Se siente tocar los organillos, y se baila dentro. Los gritos de las pendencias con el delirio de la borrachera, el ruido, los insultos y los gritos de terror de las pupilas se sienten más claros.

Si te vieran llorar
con los brazos entre las rejas
y mirar al sol
como quien acaricia
un recuerdo.

Si supieran
lo que brota de tus labios
con la dádiva
de la risa

y que sabes del amor
agazapado
en un susurro.

Si supieran del latido
de tus pechos
para los dientes
generosos

y que la piel
puede ser tan cálida
como una voz
que se quiebra.

Entonces,
quizá,
te devolverían
tu nombre.

4

Nadie sabe de dónde regresaban los fantasmas. Ellos también daban por hechas demasiadas cosas: el primer error de la eternidad es creer que todo permanece. Venían a mí cada noche cuando prendía los cirios y hablaba a las figuras de cera que derramaba en el agua. A veces necesitaba el espejo para reunirlos a todos: la sangre de mi palma sobre el cristal rayado y la invocación con el humo en mi herida.

Tuve miedo una vez, ante el espectro que adoptó mi figura. Caminó hacia mí mientras se desvanecía. Incapaz de mover los labios, señaló con angustia a la ventana.

Los sentía tratando de huir del silencio, forcejeando con el alboroto: cualquier objeto era bueno para ser estampado y clamar con él en la ira de la consciencia que no escapa. Yo sabía que todos querían algo de aquel lugar, de aquellas calles. Por eso venían. También en la eternidad la vida puede ser un recuerdo de lo que no se tiene: son inmutables las leyes del universo.

La última noche no quise despedirme. Me desmayé como siempre, cuando el sudor me anegaba.

Ahora los imagino ciegos sobre el derrumbe. Confundidos entre el polvo y los esqueletos de piedra.

Sonrío al pensar que también me buscan a mí.

5

Jacobo de Grattis, Caballero de Gracia
(Módena, 1517 - Madrid, 1619)

I

El Caballero de Gracia huye despavorido de su tumba. Atraviesa la lápida con los huesos de su propio grito. Al despertarse le ha asustado un esqueleto de cuatrocientos años.

No tiene tiempo para volar. Contempla el silencio de la nave, los bancos vacíos de la iglesia, y busca angustiado en la penumbra el quiebro de sus manos, el terciopelo de algún traje y el vaho que imagina su exhalación. Ni siquiera sabe que podría alzarse hasta la cúpula con el susurro de las velas.

Piensa que aún tiene ciento dos años, porque recuerda como si fuera ayer el día de su muerte.

II

El Caballero de Gracia se pregunta qué pecado cometió. Él, que hilvanaba intrigas papales con letra menuda de secretario y atesoraba la virtud de las doncellas en los equilibrios del sudor (tantas espaldas desnudas durante la madrugada).

Incapaz de volver a dormir junto a un esqueleto de cuatrocientos años, vuela por la nave de la iglesia probando su consciencia con el recuerdo de la fachada de Santa María del Fiore y la cumbre de la Torre Asinelli. A veces sale por la puerta trasera. No reconoce el exterior del ábside, pero le gusta la magnificencia romana del arco que se alza sobre él. Ya se ha acostumbrado al ruido de los coches y al silbido pertinaz de los semáforos. Quieto, juega a que los viandantes atraviesen su polvo de espectro.

Se sienta sobre el cartel que dice "Real Oratorio del Caballero de Gracia" y se confiesa a sí mismo que ya solo le falta poder recordar el futuro.

III

Cuando se aburre se sienta en la acera. Le gustan las sonrisas de los *selfies* y que los guías turísticos cuenten la historia de cómo el trazado de la calle se alteró para que su oratorio no fuera derribado por las piquetas. Fue gracias a que lo reformó un tal Villanueva por orden de un rey llamado Carlos III. Al Caballero de Gracia le hubiera gustado conocerlos.

IV

El Caballero de Gracia contempla la curva de la acera que esquiva su oratorio. No le molesta la lluvia porque él ya no se moja. Permanece así durante días, sin importarle los viandantes que le atraviesan con sus sonrisas. Recuerda la voz de Felipe II, el tañido de las vihuelas, los pliegues de la falda amarilla de la esposa del embajador inglés y la calidez de sus dedos al bailar la *volta.* Recuerda la paz de su oración entre el incienso de las vidrieras, cuando comprendió que el amor es el reino de este mundo y quiso erigir templos que pudieran recordarlo. Empieza a ver casas que crecen de la hierba, carruajes desbocados, a un hombre con peluquín que señala algún lugar desde el andamio alzado en su iglesia. Aparecen dragones franceses a caballo, gentío que deambula. Surge después un reino de escombros, y luego todos los edificios que le circundan, uno tras otro, como brotes nuevos, y coches más veloces cada vez. Caen bombas y de nuevo los coches y la gente, y siempre la gente, que ríe, que grita, que llora. Y las luces. Mientras las nubes cambian y el sol permanece.

El Caballero de Gracia suspira. Vuelve a su ataúd y acaricia su esqueleto de cuatrocientos años. Ha conseguido recordar el futuro. Con su voz cavernosa se pregunta: «¿Y ahora qué?».

6

En la mañana del 23 de enero de 1928, un transporte de ganado vacuno de sangre brava se dirigía al matadero municipal cuando uno de los toros brincó de la valla de sujeción.

Apareció como caído del tiempo. Le miraban sin pensar que para él también el sol es el misterio que derrama el color y la curiosidad un temblor que sonríe en el vacío de la memoria. Aunque nadie pensaba que pudiese tener memoria.

La gente, entre divertida y espantada, lo citaba de una acera a otra mientras el astado tiraba derrotes y se revolvía. Todo lo miraba como si eligiera qué edificio demoler.

Quizá tenía esa edad en la que se cree que aún existe un lugar para la conquista, y que se puede encontrar nuestro rincón en el aire.

Improvisados burladeros, chicos y gamberros comparando el tamaño de la hoja de sus navajas. Lo militares detrás de una mesa sacada de su elegante casino. Pistolas alzadas.

Sin escuchar la amenaza, yo vivía la alucinación de su perfil sobre el asfalto; el silencio con el que brilla la belleza que todo detiene.

Y aparece un torero que vivía cerca. Se acerca al toro y forma a su alrededor un ruedo peligroso, sin barreras.

Él avanza. Nunca se sabe lo que encuentra el instinto bajo el viento de la tentación. Hijos del miedo que gritamos. Siempre habrá un rincón para la sangre que pisa la inocencia. Porque el miedo enviste y afila los estoques.

La finta es perfecta, el abrigo vuela bajo la puntiaguda cornamenta. ¡Y otro olé! Poco a poco la Gran Vía se llena de gente y el minotauro descubre que su rival es más fuerte que Teseo.

Su cadáver en el suelo. Busqué la fuerza en su ojo vacío. Quería creer.

Nosotros también moriremos en el asombro, porque el mundo es un lugar extraño en el que aparecen toros en las calles.

7

Cine Avenida. Marzo de 1936. "La feria de la vanidad". *Un nuevo paso en la difícil conquista del color. El esfuerzo que ello representa solo merece elogios. Y ahora Mamoudian con T. Kalmus, colaborador de Walt Disney, y padre del tecnicolor nos deslumbra con esta "Feria de la vanidad". Lo más bello y logrado de un cinema que aspira a vestirse con luces de la naturaleza. Efectos brillantes que ayudan a conseguir la visión artística de aquella Europa vistosa e inconsciente que bailaba sobre un volcán.*

Escucho al tiempo
respirar
en el parpadeo de las sombras.
La vida descansa
en los rostros que besan
los labios de la penumbra.
Aquí,
en esta sala,
duerme
el equilibrio del color
y la vida espera
como un susurro
manso
que ha olvidado
su peso.

Cine Capitol. Marzo de 1936. "Tiempos modernos". *Un micrófono instalado en el vestíbulo espía caras conocidas y se ufana pronunciando nombres ilustres. Saborea las sílabas como un chico goloso los caramelos. «¡El gran director X!» «¡La rutilante estrella M!» «¡El brillante cronista B!». Y todos improvisan un elogio a Charlot. Sigue el desfile. Se anima la sala. Joyas, sedas, murmullos. Charla de García Sanchiz. Verbena de tropos. La Castilla de oro que halló la piedra filosofal del celuloide.*

Hay una ilusión
que vive
en el parpadeo
de las sombras
y vuela
en la penumbra
tan ligera
como la inocencia.
Ha robado
el pulso del tiempo
y late,
en esta sala,
donde llego a creer
que la paz
de su silencio
permanece.

Como traca final, un trueno de aplausos. Vuelven las luces a la sala. Brillan de nuevo las sonrisas. Revuelo de frases. El público ríe sin cesar.

8

Despiertas a la asfixia.
La densidad del silencio.
¿El equilibrio del color?
Toda tu ilusión
es un parpadeo de sombras.

Cine Avenida. Cine Capitol. 19 de julio de 1936. *Elementos leales hacen frente a los sublevados. La Guardia Civil presta fervoroso apoyo al poder legítimo. Las Fuerzas de Seguridad y de la Guardia Civil son ovacionadas en las calles y aclamadas por el numerosísimo público que circula a la salida de cines y teatros.*

El niño
que grita
su inocencia
desnuda
con aplausos
sordos.
En los brazos
de su padre
cree
que es para él
la aclamación
que reciben
sus manos.
No escucha
el quiebro
de las voces
que intentan
huir
del derrumbe
del aire.

No sabe
que la muerte
saluda
con el eco
de lo que
se desvanece.

9

A la una de la tarde cesó el bombardeo; por ello decidimos almorzar en el hotel Gran Vía, que está seis manzanas más abajo de donde nos encontrábamos (...) Cuatro de nosotros nos acomodamos en el vehículo y fuimos por la referida calle; estaba cubierta de cristales, sus aceras estaban llenas de hoyos y sus edificios habían sufrido desperfectos. Para entrar en el hotel tuvimos que sortear un montón de cascotes y una cornisa que se había venido abajo. No se veía a nadie en las aceras de la vía madrileña, que siempre fue un combinado de Broadway y de la Quinta Avenida. Había muchas víctimas y nuestro vehículo era el único que se veía por allí.

ERNEST HEMINGWAY
Chóferes de Madrid, (22 de mayo de 1937)

Hemingway
escucha las palabras
que derriban su silbido
sobre el edificio Telefónica.
Palabras
que imponen su peso en el aire
con calibre de quince y medio
y precipitan su ira
sobre los chaflanes.

En su vuelo,
Hemingway escucha
las heridas de todas esas sílabas:
perciben en la multitud de las siluetas
el quiebro de la luz
y sienten aullidos
en los colores.
Así alumbran el lenguaje
de las llamas:
solo debe ser uno
el impulso de los labios.

Hemingway sabe
lo que son esas palabras:
vibración en el vacío
para enardecer
al fuego.

Y hay chicos
que gritan pólvora
bajo su viento afilado.

Por eso Hemingway corre
entre las columnas de humo.

Por eso Hemingway escribe.

10

No recibió oficialmente el nombre de Gran Vía hasta 1980. Dividida en tres tramos, se denominó Avenida de Conde de Peñalver, Pí y Margall y Eduardo Dato hasta la Guerra Civil. Durante la contienda adoptó varios nombres: Avenida de Rusia, de la URSS, de la CNT, de México, de la II República. En el mismo periodo recibió los nombres populares de la «avenida de los obuses» o del «quince y medio» —el calibre de los proyectiles que caían sobre el edificio de la Telefónica—. Al término de la Guerra Civil recibió el nombre de la avenida de José Antonio (en homenaje a José Antonio Primo de Rivera) y, finalmente, Gran Vía en 1980.

Entonces les dijeron
que la calle era suya.
Habían estado callados
tanto tiempo
que al hablar
no reconocieron sus voces,
pero las escucharon elevarse
hasta las azoteas
como el misterio del mar
escondido en las caracolas.
Algunos pensaban:
¿para qué usar la voz?
Y los que aún temían
al silencio
prefirieron hablar
entre susurros,
tantas cosas podían
suceder.
También estaban los que
seguían convencidos
de que siempre habían hablado.

Pero a la mayoría les gustó
la fascinación del aire
en sus oídos.
Eran los mismos,
pero ahora volaban
con los labios,
en la desnudez
de todo lo posible.
—No necesitamos nombres
que se impongan
sobre nosotros.
—¿Cómo la hemos
llamado siempre?
—Gran Vía.
—Que así sea.

11

En la primera noche del tiempo
los hombres
tuvieron miedo de la luna.
Creyeron que se iba a caer.
Y le impusieron
su nombre para
poder domarla.

Plaza de España. Calle de los Reyes. Calle del General Mitre. Calle de García Molina. Calle de San Bernardo. Calle de los Libreros. Calle de Silva. Calle de Tudescos. Calle de Miguel Moya. Calle de Concepción Arenal.Calle de Mesonero Romanos. Calle de Gonzálo Jiménez de Quesada. Calle de Valverde. Calle de Hortaleza. Calle del Clavel. Calle de Víctor Hugo. Calle del Marqués de Valdeiglesias.

Los hombres
aprendieron a temer,
pero bebieron del destello
de los propósitos
y llamaron miedo
a la soledad,
y llamaron caos
a todo
lo que no tenía nombre
y trazaron calles
donde poder
reunirse
y fundaron
la primera ciudad
solo después
de bautizarla.

La Gran Vía tiene una longitud de un kilómetro y trescientos sesenta metros desde la calle de Alcalá hasta la Plaza de España. Quince calles llegan a ella por su lado derecho desde la calle de Alcalá. Catorce salen de ella por su lado derecho desde la Plaza de España. Cuatro de ellas se encuentran en ambos lados.

Ya todo tiene
un nombre
tras el que correr
entre las horas.
Los hombres
han inventado
el sentido
del aire
que se desvanece.
Sin silencio
para sus pasos.
Ya no saben
que la luna
aún se puede
caer.

Oven mozarella. Sumo Fusión Restaurante. Antonio Valenciano Abogado. La parrilla de la Reina. Registro General de la Comunidad de Madrid. Hotel Catalonia Gran Vía. Museo Chicote. Steak Burguer. Ale-Hop. Antiguo Hotel Roma (lugar de interés histórico). Kutxabank. Hostal Avenida. Real Oratorio del Caballero de Gracia. Juzgados de lo Contencioso-administrativo. The Good Burguer. Casino Gran Vía. Adidas. Farmacia López Vicente. McDonald`s. Western Union Cambio de Divisas. Fundación Telefónica. Bershka. Stradivarius. Calzedonia. Primark. Real Madrid Official Store. Zara. Antiguo Hotel Alfonso XIII (lugar de interés turístico). Nike. Parfois. Hostal la Prensa. Cartel de Schweppes (atracción turística). Cine Capitol. Lefties. Estanco Gran Vía 50. Tienda Atlético de Madrid. Teatro Rialto. Lacoste. Heladería Palazzo. Starbucks.

Teatro Lope de Vega (El Rey León). Don Jamón. Dibocca. Teatro EDP Gran Vía. Pequeño Teatro Gran Vía. Clarks. Pelucas Soledad Cabello. La chocita del loro. Centro Médico Gran Vía. Restaurante Lupita. Starbucks.

Y ahora,
el caos bebe
del destello
de los propósitos,
y llaman soledad
a la costumbre
de los pasos,
a la deriva con la que
olvidan su nombre.
Y llaman miedo
a desaparecer
sin haber aprendido
a interrogar a la luna.

Según el "Informe de tráfico peatonal y CCP de las calles comerciales europeas" publicado por TC Group Solutions, la Gran Vía es la calle más transitada de España y una de las diez más transitadas de Europa con una media anual de 16.741 peatones diarios.

Perdidos en la herencia
de todos los nombres
aún hay quien alza
la mirada
sobre sus pasos,
y se detiene y piensa:
—Solo yo beberé
del brillo
de los propósitos.
Hay nuevos
nombres para mí
que esperan el descubrimiento
de mis labios.

Calle del Doctor Carracido. Calle de Isabel la Católica. Calle de San Bernardo. Calle de Silva. Calle de Jacometrezo. Calle de la Abada. Calle de Mesonero Romanos. Calle de Chinchilla. Calle de la Salud. Calle de las Tres Cruces. Calle de la Montera. Calle del Clavel. Calle del Caballero de Gracia. Calle de Alcalá.

12

Un día al cruzar la calle Gran Vía desde la acera que da hasta Hortaleza o Fuencarral (...) cuando el semáforo se pone en verde, recuerdo mucha luz...y la sensación de que yo era todos los que cruzaban. Estaba dentro de la señora, del niño, del joven, de todos al mismo tiempo.

Ouka Leele

Una vez
salí de mí,
en el paso de peatones
que cruza la Gran Vía
hasta la calle de Fuencarral.
Todo se iluminó,
y abandoné mi consciencia
como una menina liberada
que desnuda
salta del cuadro:
fue entonces
cuando empecé a soñar
con bañeras eléctricas.

Salir de una misma
es como vestirse
con el fuelle de una cámara.
Dos ojos como objetivo
de una mente
que no sabe de sí,
difuminada en ese borde
donde todo
lo abarca la mirada.
Allí pude ser
los otros.

Sentir las sombras
de los edificios que esperan
y comprender los latidos
que marcan el ritmo de las pisadas.

Alcanzar la amplitud.

Con cada foto
persigo esa sensación.
Así aprendí que el arte
es la empatía que exhibe
sin juzgar,
el reflejo de todos
los matices,
tan libre y desprendida
como la luz.

Por eso la imagen
de un manojo de lápices
puede convertirse
en una peineta.
Basta con revelar el negativo
y decir:

mira esto.

13

Estatua de Diana Cazadora.
Gran Vía, 31.

Mitología de la Gran Vía. Dice Natividad Sánchez a eldirario.es: "Diana intenta clavar una flecha al fénix que lleva en su lomo a Endimión, un joven pastor que ella visitaba a escondidas cada noche, al bajar de la Luna. Su amor prohibido —Diana debía ser casta— llegó hasta oídos de su padre, Zeus, quien envió al ave fénix para que secuestrara a Endimión y lo mantuviese oculto durante toda la eternidad. Pero el fénix necesita regenerarse una vez cada 400 años, y ese día es el que ha de aprovechar Diana —acompañada de sus fieles perros— para dar muerte al ave con su arco y recuperar así a su amado para toda la eternidad. La estatua de Gran Vía capta justo ese momento, el del lanzamiento de la flecha con el que salvará —¿o no?— a Endimión".

I

Es más fácil detener la lluvia
sobre Madrid
que amar a una mujer
de bronce.
Empujo el piano hasta la acera
y toco esa pieza
de Hania Rani ("Hawaii Oslo")
como si nadie me mirara,
sin importar los comentarios,
ni los *selfies* a mi costa:
a todos sorprende en Callao
un piano de cola,
sobre todo si se moja.

Dejo de escuchar,
incluso al policía
que me pide los permisos.
Ya soy el loco
que agita la cabeza
encorvado sobre las teclas.
Me posee esa melodía
— ¿acaso la interpreto yo? —
cuando se congela la imagen
de la pantalla de *El Corte Inglés*
y se quedan quietas
las gotas de lluvia,
sostenidas en el aire
como uvas de cristal.

A mi alrededor
ya nadie respira.
Viandantes estáticos
en su última pose
—bocas abiertas,
teléfonos en alto—
y la mano rígida
del policía,
olvidada por la gravedad,
en el equilibrio horizontal
del último impulso que
buscaba mis muñecas.
Todo es silencio
cuando el tiempo se detiene,
y de pie miro las yagas
de mis yemas,
y las agito entre las gotas
que esperan.
Observo cómo se deshacen
y se salpican con mi sangre.

Ahora,
yo soy la lluvia.

II

Cuando el amor es un accidente
de la mirada.

Sobresalto
ante el equilibrio del color
que trae el silencio.

III

Diana,
mis ojos te observan al amanecer,
cuando el sol te busca
para afinar su destello
y reverberas con la ceguera
del día
que aguarda entre la luz azul.

Mi secreto es mirarte.
Robar la abundancia
de tu presencia,
porque cada cuerpo que se ama
es una aparición
que tiembla en el reflejo
de su despedida.

IV

Diana,
he visto los bajorrelieves
de tu fracaso,
las flechas caídas
ante la puerta del *Primark*.

Tus palabras
son esas incisiones en la acera
y tu cuerpo arqueado;
lo único que puedes decirme:

                    aún lo intentas.

Y callo bajo la sombra
de Endimión,
mientras,

                    ante ti,

todo ensordece.

V

Las estatuas no hablan.
Su voz
es el equilibrio
con el que desafían
al aire;
el vigor
con el que se acomodan
en su propio peso.

Vuelvo a tocar
hasta que todo se detiene
y hago de esta calle
un museo de piel y silencio.
Cuerpos contenidos
en sus propios pasos,
y el tiempo para mí,
solo,
agotándome:

diez años cuento de más
en esta espera,
la suma de todas
las pausas,
instantes para todos los demás.

Diana,
quisiera poder amar
a alguno de estos cuerpos
cuya mirada he vaciado
con mi melodía
para asemejarlos a ti.
Busco en ellos el deseo
de volver a compartir el tiempo.
Pero carecen del vértigo
de las azoteas
y permanezco agarrado
a tu cuello, a tus brazos,
confiado en el peso
que equilibra tu figura,
como si en tu silencio,
fuera capaz de alcanzarte.

VI

Corro hacia ti,
hasta lo alto
de la azotea.
Quiero
susurrarte al oído
cómo matar al fénix.
Quiero que tu mano
tiemble
para que mates
a Endimión.

Las flechas caen.

Tus perros ladran.

Soy yo quien baja
a recogerlas
frente a la puerta
del *Primark*.

Así sostenemos
la noche
que alarga
mi melodía.

VII

Mi melodía
fija el tiempo
de las estatuas
para acompasar
los segundos
al equilibrio
de tus manos.

Hacer más ligera
la distancia
en la que te alzas
sobre tu peso.

Si todo
se asemeja a ti.

Pero siempre
permaneces
en el ritmo
de tu silencio.

En la quietud
te creo para mí
aunque nada sucede
si te toco,

salvo tu mismo empeño:

el arco en alto.

Te sostienes
sin necesidad
de mí.

En la solidez
late la vida
de las estatuas.

Solo yo
soy un susurro.

VIII

Podría matar al fénix,
acabarlo todo.

IX

La música
es matemática
del aire
que se desvanece.

Nada suman
estas horas quietas.

X

Cojo tu flecha
y salto
por la azotea.
Me sostiene
el aire denso
del tiempo detenido.

Nada es mi vuelo
para la rigidez
de tu silencio.

Sobrevuelo
la Gran Vía
sin decidirme.

Matar al fénix,
matar a Endimión.

Y tu mirada
lejos de mí.

XI

He aprendido
a volar en espiral
arrojándome
desde tus pies.

Alcanzo el suelo
sin dejar de mirarte.

El piano me espera
en mitad del paso
de peatones.

Toco antes
de que los coches
puedan volver
a arrancar.

Quienes me vean
volverán a olvidarse
del aire.

Los días pasan
solo para mi mirada.

Es más fácil
detener la lluvia
sobre Madrid
que amar
a una mujer
de bronce.

14

Aquí el niño a hombros de su padre, maravillado por los autobuses, aún capaz de vivir suspendido en el presente. El anciano en silla de ruedas que abraza el tiempo con los dedos nudosos, porque una vez no supo de su peso, porque una vez pudo derrochar el aire. El enfermo que finge admirar las azoteas, aún de pie, aún de traje, mientras su mente juega a la baraja con el miedo.

Los novios que vacían la tierra para fundirla en el contacto de sus labios. El mendigo en la confusión de los días. Sentado en el chaflán sin ni siquiera escuchar el eco de su cazo. La vida reducida a tantas piernas que se suceden. La adúltera en el equilibrio de su mente fragmentada. Contempla el sol en lo alto de las cornisas. Pregunta a la piel de la luz si también le duele al descomponerse en los colores.

La camarera de dieciocho años. No hay temblor en su mano al sostener la bandeja. En ella la vida prendida con todos sus propósitos. Más vale su voluntad que el pago de sus servicios. El futbolista con gafas de sol. Juega a esconderse de su propio destello. Espera el brillo de los flashes. La luz hasta en su sombra. El divorciado que busca el reflejo de los años transcurridos en la efervescencia de las aceras. De nuevo la amplitud de la calle. Tantas miradas como cristales rotos.

La chica con su canción. Sobre la acera el estuche abierto de la guitarra. Sola con su voz. Piensa en las marquesinas encendidas que aún desconocen su nombre. El carterista enfrentado a su propia agilidad. No hay descuido para el magisterio de sus manos. El Olimpo en los pasos de cebra. Una esquina para contar los laureles de sus juegos. La familia de turistas que abraza la mañana. Exploradores de sonrisas. Padres que regalan el mundo.

Los chicos que persiguen la noche. ¿Qué eco atender cuando todo vibra? La juventud grita visiones del tiempo derramado. Y ríe en la confusión de la caza. El asesino que se funde con la multitud. Respira su secreto con el aliento de sus pasos. Solo puede avanzar para que el pasado no exista. La chica que sonríe en la cola de un musical. Su ilusión por las flexiones del color. Su amor por los cuerpos etéreos.

15

I

Me senté un día
cansado de esperar.

Todas esas piernas ante mí
como un bosque mudo:

la invisibilidad
es el don del hambre.

II

Dicen que erigí
mi reino
con el silencio
de una caja.

Allí donde la soledad
late con el frío.

III

Mi cuerpo
es el relieve cegado
que sortean
las aceras.

Quien me mira
muerde la sospecha.

IV

Culpable vivo
en el naufragio
de mi voz.

La tempestad
es la espera
de mi rostro.

V

No recuerdo
más delito
que la asfixia
de la noche.

Hay piernas mudas
que hablan
con la punta de sus botas.

VI

Sin espejos,
los cardenales
amanecen con el dolor.

El pecado es permanecer
cuando todos andan.

VII

Escuchar la voz
de quien sabe
que solo soy
alguien
que ha olvidado.

(Bajo el edificio Metrópolis. La cama de cartón).

16

En la calle juegas al vacío de tus manos, como si no pesaran. Las escondes en el bolsillo para poder sostenerlas. Con la mirada en el suelo repites que la calle es solo un lugar para los pasos, donde nadie pregunta, donde a ningún lugar se llega. Te crees a salvo del peso de tus manos: siempre habrá una huida en las aceras. Bajo los edificios, persigues en silencio el eclipse de tu sombra.

Pero la mente se escapa de la mirada: así habla. Los rostros distraídos, las sonrisas, los carteles que cubren los andamios, los escaparates de las tiendas. Incluso el letrero de *Schweppes*: no encuentras descanso con los ojos.

Y la mente marca el ritmo de tus pisadas:

—Pregúntale a tus dedos —te susurra— que te cuenten dónde han estado, que te recuerden lo que han hecho.

Así se rebela la memoria. No contabas con que se te devolviera el miedo.

Y andas. Solo andas. Hundido. Bajo el peso de tus manos.

(asesinato)

17

I

Tu poder reflejado en sus ojos, capaz de esculpir el aire. No tienta la piel de las manos bajo la mesa, sino la imaginación del viento entre los dedos.

II

Sabes que no entregarás solo tu cuerpo y que, alejada, aún querrás la calidez del resplandor que te precede.

III

Descubres que las ráfagas se escapan de los dedos, y almacenas el aire en tus dos líneas del tiempo. Con la mente seccionada, vives en la asfixia del aire que te falta.

IV

Llamas amor al silencio con el que acaricias el lumen que aún espera.

V

Inventas la mentira como lenitivo del dolor. Quien se esconde vive siempre bajo la lluvia.

VI

Has plegado tus manos al silencio para recibir los frutos del diluvio.

VII

Preguntas a la piel de la luz si también le duele al descomponerse en los colores.

(adulterio)

18

1

Busco en la noche
todas las visiones
derramadas,
allí donde
la imaginación cartografía
el resplandor
de lo posible.

2

Todo lo que
la madrugada
difumina.
En ella soy
el grito escondido
que por fin
brilla en los cristales.

Y lo demás
espera.

3

Solo de noche
tengo el valor
que imagina
cada mirada.
Cuerpo en el trasiego
que iluminan las farolas.

Reclamo para la sangre
que bebe por los ojos.

4

Tentado por las luces,
me bastan solo
sus promesas.

Y me persigo
en la búsqueda
de los otros.

5

Persigo el instante
nuevo.
El latido
que alienta su búsqueda
cuando se desvanece.

(fiesta)

19

En el Coliseum. Has visto aquellos días en las manos de la pianista. Toda la fuerza de su talento. Su grito contra la luz. Tan joven.

Ahora.

Has agotado la primera de tus manos.
Respiras en el temblor de su vacío.
Y abres su desnudez a la luz
—palma rendida
que extiende su eco—.
Y dices tu nombre.
Dices tu nombre
para buscarte en el aire
—en esta calle,
sonrisa blanca
esculpida en el sueño—

para perseguirte en el eco

desvanecido de ti.

Volver a ser las manos que brotan.

Cuando gritabas con la luz y derrochabas el eco.

En esta calle blanca.

Que esculpías.

Tú también vibraste con palmas que derrotaban al aire.

Quisiste el talento del grito que permanece.

Ahora,
agotada la primera de tus manos,
sientes el vacío que colma tus dedos.

Y dices tu nombre.

Y persigues el eco desvanecido de ti.

20

Tus pasos por la acera. Abandonado en la luz. Ya no escuchas el asombro de las voces,y mides la distancia en la que tiembla tu consciencia; ¿cómo arroparla en el sudor de tus manos? Hablas el lenguaje de la piel hasta que te agota el silencio: la calle es solo el juego del color en el ritmo del aire. Y tú, vibración del espectro.

21

No hay días
para quien juega
a la baraja
con el miedo.

Le veo caminar.
El traje de cada mañana
como si no sucediera.

Mira la estatua del Atlas
en la azotea
de Gran Vía veintiuno.

Él también conoce
el peso de la tierra:

su propio cuerpo
envida contra él
y gana la mano.

Solo queda la apuesta
por liberar la mente.

Por eso el traje
de cada mañana
como si no sucediera.

Ahora que la luz
es un lamento
por todo lo que
se desvanece.

Cuántas veces más
fundido en los colores
de esta calle.

Las cartas marcadas.

Le veo caminar.

La vida que huye
por la acera.

(enfermedad)

22

Los pájaros anidan su reino
en el abandono.
Nadie en las aceras.
Observar todo lo que se llevan las alas
al emprender el vuelo

sin temor al aire.

¿Todo va a salir bien?
Tratar de huir
lavándose las manos.
Escapar
entre cuatro paredes.
El mundo ahora es el cristal
que cierra la ventana.
Cuando esto acabe.
Una inspiración para ahuyentar
el augurio de la muerte,
al menos hoy,
y el temblor que se mide
con mercurio en las axilas.
El cuerpo es la soga
de la que pende la balanza.
Nadie se ausenta
de su piel
por mucho que ahora pese.
Cuando esto acabe.
¿Todo va a salir bien?
La calle vacía.
Unidos por el miedo
para alejarse de los otros.

En cualquier lugar
el veneno del aire.
Y ese silencio
con el que se ahoga a los muertos.
Voces que desaparecen
en la soledad de sus cenizas,
con tanto frío.
Los pájaros anidan su reino
en el abandono.
Se adueñan de las aceras.
¿Todo va a salir bien?
Cuando esto acabe.

(marzo 2020)

23

"Se autorizan las obras para el uso comercial del Cine Rex (...) Que esa metamorfosis haya tardado seis años en autorizarse (...) refleja el profundo cambio que se quiere acometer en un edificio protegido (...) Del dinero que hay en juego da pistas el siguiente anuncio colgado en Idealista. (...) la renta que solicita la propiedad de partida por este espacio sería de 25.000 euros al mes (...) Así, el Rex pasará definitivamente a formar parte de la larga lista de cines desaparecidos en las mejores zonas de la capital de España para dejar su sitio a locales de lujo."

Su viudo señaló la carpeta:

—Esta obra nunca la expuso. Nadie la ha estudiado.

La misma imagen del Cine Rex, ya en su abandono, distintas fotografías a lo largo de toda la carpeta. En cada una de ellas la misma anotación: "4 de junio de 2022, luz cenital, como Piero della Francesca".

—Pretendía ampliarlas, claro, y serigrafiar los textos.

4 de junio de 2022. Derrama el café. Contempla las gotas que caen por el borde de la mesa y se levanta sin limpiarlas. Es la hora. Sale a la calle con la cámara. Llega al Cine Rex.

Su letra apretada, de comentarista medieval, y a la vez alargada y sin pausa, como la sangre de un latigazo en el papel. La carpeta llena de hojas junto a las fotografías. Una frase: "la imaginación para crear el arte, la imaginación para contemplarlo".

Después puede leerse:

"Buscar la esencia de las cosas. Allí donde solo hay matices para lo que recrea e imagina la comprensión. Del *horror vacui* nace el dogma, la opinión como mapa de la mente. Cápsulas de vida en las pantallas de los móviles. Hoy la rebelión es saber que nadie es solo de una manera ni igual para siempre. Que un hecho no describe una vida. Hoy la rebelión es querer entender los rincones oscuros.

Se dice que el Cine Rex ya no existe. Pero aquí está con su puerta cerrada, todavía el luminoso, apagado. La tapia en el acceso, casi hasta arriba. Y los carteles pegados en la fachada entre grafitis. Abandonado.

Al Cine Rex lo miramos como vieron el Coliseo quienes se llevaron sus piedras.

Somos Julio II mandando arrancar los frescos de Il Perugino de la Capilla Sixtina. Porque ya no sirven.

Tampoco sabemos si vendrá Miguel Ángel."

Su viudo me dijo que pensaba encargar *tablets* de treinta pulgadas. Una por cada foto. Y que ahí las proyectaría, todas iguales, y en cada una aparecerían frases como estas:

—"Un descuido del tiempo, se olvidó de borrarlo. Atrapado entre sus propias piedras. El pasado y su visita inmóvil. El Cine Rex comparte la ruina de los fósiles".

—"Los madrileños pasan. Sin detenerse. Fantasma agazapado. Ya no intentas deslumbrar. Tantos años al acecho que ya nada esperas. También tú has olvidado".

—"Anuncios pegados en la fachada. El Cine Rex ya es solo una cartelera".

—"Cine Rex. Todos estos proyectos para ti. Eres dinero que espera".

—"Cine Rex, eres todo lo que queda. Aguanta en tu barricada de carteles. Guerrillero del tiempo".

Y los visitantes podrían introducir comentarios, su nombre después de una @. "Los desafiaré a la bondad y a la belleza, pero solo ellos decidirán".

Las *tablets* dispersas por la sala, apoyadas en una repisa que descansaría entre arcadas neogóticas. Y en las paredes muchos de estos textos serigrafiados:

"La rebelión siempre ha sido saber que se puede no ser feliz.

El Cine Rex ya no está en la Gran Vía, pero hoy le he hecho un centenar de fotos.

Cuál es el valor de esta oscuridad, qué equilibra el abandono de este cine.

Tampoco hace falta tener opinión sobre todo".

Su viudo me dijo que su obra muestra cómo le horrorizaba la deshumanización, toda esa dureza con las personas, y el reducirlas a una simple imagen.

Su viudo insistía:

—¿Ves? —me decía mientras me mostraba las fotos del cine — parecen todas iguales, pero solo lo parecen. En realidad son tantas cosas.

Al final de la carpeta había una última anotación: "algo debe cubrir el techo, más allá de las arquerías góticas. Algo parecido a un fresco que se pudiese transportar. Pero no un fresco pintado, uno que, de algún modo, solo pueda imaginarse".

Su viudo me da las gracias. Esperará impaciente mis artículos. Salgo a la calle con la carpeta. Deambulo hasta el Cine Rex. Lo veo distinto. Todo es cierto.

(A finales de 2023 el cine Rex desapareció del todo. El abandono de su fachada ya no existe).

24

Quienes padecen *publifasia* en su grado más severo viven convencidos de que los mensajes publicitarios se dirigen exclusivamente a ellos. En estas circunstancias, pasear por la Gran Vía se convierte en un continuo aullido de la mente. Incluso la lectura de las pancartas de los andamios y de los carteles pegados en las paredes resuenan en la cabeza del *publifásico* como una cadena de gritos atenazados. Sin embargo, no dejan de leer y, convencidos de la literalidad de los textos, de verdad creen que *Ale hop* les saca "su mejor sonrisa", y piensan que nada es más importante que obtener el premio de *Iberia Express* por convertirse en su pasajero cuarenta millones.

Sin embargo, el *publifásico* no vive en un estado de ansiedad, sino de ausencia. Cada mensaje le atrapa como si fuera el único aire capaz de envolverle y, sin ser conscientes de ello, los *publifásicos* pasan de tener fantasías románticas con los chicos de *Calvin Klein* o las chicas de *Calzedonia* a abonarse de forma inmediata desde el móvil a *Disney Plus* para poder ver *Encanto* y tener los últimos estrenos por solo 8,99 euros. Y tan pronto se ven envueltos en la bufanda del Atlético de Madrid sintiendo que llevan "75 años honrando tu nombre" como que se compran en la tienda *Adidas* de la red de San Luis la camiseta del Real Madrid con el nombre del Vinicius en la espalda por que "This is Grandeza"; y pasean con la bufanda y la camiseta a la vez, para regocijo de algunos peatones, sin saber ni siquiera cómo van vestidos.

Los *publifásicos* ricos no padecen ningún síndrome de abstinencia. Nunca llegan a agotar el crédito de sus tarjetas en la liquidación por cierre de *Clarks* o con las joyas de *Sanz*. Tienen tiempo para coger un autobús y visitar Toledo después de haber leído "Castilla-La Mancha, tu mundo interior. En un lugar de tu vida". Algunos incluso se han llegado a comprar un cigarral ese mismo día. Sin embargo, tienen muchos problemas de estómago, la tensión alta y bastante sobrepeso. Acaban comiendo ocho o nueve veces al día, porque siempre les espera un bocata de calamares por 3,50 o un menú por 12, todo ello después de tres desayunos.

Los *publifásicos* pobres son tan gordos como dicte su metabolismo, pero son los que provocan más altercados tratando de convencer a los dependientes de que lo que muchos considerarían un robo no es más que la simple obtención de lo que es suyo, porque viven en la creencia de que fue fabricado para ellos.

De este modo, los *publifásicos* ricos son considerados consumidores excéntricos y los *publifásicos* pobres delincuentes comunes.

No obstante, tanto a los *publifásicos* ricos como a los *publifásicos* pobres les une el mareo y la náusea que les producen las pantallas de Callao, tan deslumbrantes y efectivas en su reclamo que la ausencia común en la mente de los *publifásicos* se convierte en bloqueo. Como el motor que se incendia tras el aviso de las chispas, los *publifásicos* caen al suelo entre estertores y cuando llega la furgoneta del SAMUR, los *publifásicos* por fin pueden descansar.

25

Aquellas dos chicas que te llevaron al cine Avenida. Tú estás aquí. El cine ya no existe. Y los rockeros de siete a diez en Gran Vía 25, donde estuvo el Madrid Rock antes de desaparecer: allí viste a Joaquín Luqui con una bolsa llena de discos. También viviste aquel día de lluvia, en la puerta del Hotel de las Letras, donde saludaste a Antonio Gamoneda antes de que le dieran el Príncipe de Asturias. Le felicitaste estrechándole la mano. Sonrió, te dio las gracias. Saliste corriendo para refugiarte del agua. Tampoco están los carteles de cine pintados a mano. Los mirabas con aquella otra chica mientras os preguntabais cómo os sentiríais al ver vuestros rostros en mitad de la ciudad. Ahora contemplaríais atónitos el temblor de las pantallas.

Así todo se deshace. Sin embargo, tú permaneces aún, con la consciencia de las estatuas. No has podido comprobar que de verdad el primer rayo de primavera atraviesa el templo que alza la estatua del romano de Gran Vía 60, pero te gusta la estatua de Diana cazadora, la observas cada vez que pasas a sus pies, y querrías subir con tu mujer y tu hija a lo alto del *Hyatt Centric*, y ver de cerca cómo tensa el arco. Un arco sin cuerda. Para arrojar una flecha que no existe.

Y por todo eso escribes:

La consciencia es el peso
de las cornisas quebradas.

La solidez del aire
para tus manos de piedra.

26

De tu mano
el susurro de este paraíso.

Así agarramos el tiempo
entre los dedos.

No hay más jardín
que nuestros pasos
en el latido
de esta calle

donde los edificios
inclinan

para nosotros

su sombra,

y el aire brota
en la ilusión
con la que palpitan

los labios.

(paseo)

27

También caminan por la Gran Vía. Pintarían los edificios de un solo color. Los verás gritándose para imponer el suyo.

Escucha cómo desnudan las palabras
para invocar al fuego.
Yo les digo,
nada pesan las sílabas en el aire,
una voz en el vacío no tiene cuerpo.
Pero ellos,
con el filo de su lengua,
borran todos los matices,
y empeñados en un solo sentido
para cada cosa,
dejan que prenda la ofensa
en su mirada,
orgullosos de ella.
Yo les digo,
hay que buscar la lumbre
que trae la ceniza,
la causa de todo lo que arde,
descubrir la calidez primera
que encuentran
los ojos piadosos.
Pero en el humo de su invectiva
ellos se esconden
de lo que no entienden,
y creen que las personas
son ideas inflamables.

La deshumanización es una llama
que solo mira al fuego.

(redes sociales)

28

He soñado con Madrid
en el abrazo de lo nuevo.
El cielo desnudo
y un sol que espera.
Sus calles
para derramar los días.
Desprenderme de mí
en las horas que rebosan
para inventarme en el vacío
que acarician mis dedos.
El tiempo es la sustancia
que esculpe la memoria:
para cada segundo el arte
que colma la sorpresa.

La Gran Vía con la inocencia
de mis manos.

Alcanzar todo
lo que vierte la luz.

(turismo)

29

Gran Vía, 37. El lugar estuvo ocupado por el Cine Avenida y la sala de fiestas Pasapoga. El cine permaneció abierto hasta 2007; la sala de fiestas, hasta 2004. En 2009, el edificio se convirtió en una tienda de la cadena de ropa H&M que fue clausurada en 2021. En el mismo lugar abrió UNIQLO una nueva tienda de ropa en 2022.

I

Descubrieron al coronel Aumann cuando los albañiles de la nueva tienda *UNIQLO* derribaron el falso techo en el que se escondía. Un hogar de medio siglo reducido a escombros por los caprichos de un arquitecto de interiores. Así se descubrió el túnel que había horadado con la empuñadura de su pistola y la percusión de todas sus balas: un conducto hasta la azotea para atrapar a las palomas cuyos muslos roía tumbado, mientras esperaba que sobre los aparatos de ventilación se posara el resplandor de la luna. Esa era toda la poesía que le enseñaron en la STASI.

II

En la sala de fiestas *Pasapoga*. Entre la música y el humo. La reconocería por la bufanda azul y su voz ronca. Al besarla le entregaría el mensaje cifrado por debajo de la mesa. Ella se subiría a sus piernas para introducirle en el bolsillo de la gabardina el pasaporte falso con el que al fin regresaría a la RDA.

III

Un espía tiene sus recursos. Es fácil dejar inconsciente a un comensal que se da a la bebida: una buena conversación para prolongar su sed y no será complicado robarle el dinero de la cartera. Hay hombres que caen al suelo con un solo golpe en la nuca. Con suerte nada recordarán cuando se despierten desnudos. Y nada mejor que alentar la lujuria para obtener favores: las paredes de los aseos son simas de gemidos y promesas.

Así sobrevivió el coronel Aumann en *Pasapoga*. Lo suficiente para comer y camuflarse, porque ninguna noche aparecía la dama de la bufanda azul, y si la habían neutralizado, podrían hacer lo mismo con él. Por eso, se dijo que jamás abandonaría el lugar de la misión, que nunca saldría de aquel edificio, hasta que su contacto llegara.

IV

Los albañiles esperaban a la policía. Sentado en el suelo, el coronel Aumann contemplaba los balcones de mármol. Muchas noches dejó atrás el rumor difuso de la sala de fiestas para huir al Cine Avenida, en la planta superior, cuando ya estaba cerrado.

Su pupila bastaba para hacer la luz y deambular por el vestíbulo vacío en busca de las voces impregnadas en los espejos. Veía la quietud de cada baldosa y le reconfortaba la espera de las puertas cerradas. Al caminar, le sorprendía el destello apagado de las palomitas abandonadas en la máquina y, con el silencio cómplice de los balcones, cazaba las sombras de los techos entre el susurro de sus pasos.

Comprendió que los edificios aguardan con el lenguaje del tiempo. Piedras tan ligeras como el corazón que late.

Así miraba. Con la sabiduría de los fantasmas.

V

Cuando desapareció *Pasapoga* y el Cine Avenida nunca más se volvió a abrir, el coronel Aumann se quedó solo en la penumbra.

Su rostro en el espejo era el llanto de las paredes.

Y descubrió en el eco el idioma de las piedras.

VI

Cuando el cine fue sustituido por la tienda de ropa *H&M*, el coronel Aumann empezó a escaparse hacía su falso techo por la ventilación de uno de los probadores.

Para pasear y comprobar si aparecía su contacto, cogía prendas de los expositores por las que fingía interés. En ocasiones las compraba con el dinero que había sacado de las cajas durante la noche, pero como no sabía qué hacer con ellas volvía a colgarlas de los percheros cuando la tienda cerraba.

Antes del amanecer, se tumbaba en el suelo con los brazos extendidos. Entre la oscuridad, buscaba en el aire el rumor de las piedras. Les hablaba en alto, porque temía olvidarse de su propia voz.

—¿Aún estamos aquí? —les decía.

Y le reconfortaba el eco.

VII

Los policías le rodeaban. El coronel Aumann se puso de pie.

Observó el agujero del techo, los rodillos de pintura y la escayola caída.

Inspiró mientras buscaba la complicidad del eco sobre los balcones.

—Mírenme bien —dijo—. Yo soy todo lo que queda.

30

Yo he visto el brillo de sus óleos rojizos
en el aliento azulado del amanecer,
allí donde el aire susurra la ilusión de la espera
y se admira todo lo que nace entre la penumbra.

La calle es un palacio abierto al cielo
que recorre la colina.
En su bóveda, los frescos que el sol exhibe
bajo la influencia de las estaciones.

Escucha la confusión alegre de su música,
los carteles con las notas luminosas.
Parpadeos para el baile
que cuelga de las fachadas.

Juega a imaginar.
El Palacio de la Prensa engalanado
con su chaqué rojizo que tímido se ladea;
el edificio Telefónica
que grita como una lupa blanca,
tan alto que todo lo sabe;
y el Capitol con su cartel de *Schweppes*,
sonrisa dentada que espera todas las fotografías.

También vive lo quieto en el silencio.
Su reclamo es la pausa
de las formas esculpidas para la mirada.

Un palacio sin puertas.
Moradores infinitos.
Con agitación de ola
deambulan como los días.

Los pasos que siempre avanzan
y ni la noche detiene.

Y todo cambia
salvo los muros que pinta la luz
y no hay consciencia que vea
la transformación que olvidan
las aceras.

Pero al amanecer me mezo
en la voz ciega
que aún duerme.

En el palacio
siempre hay un eco de playa,
todas las palabras que roba el aire
hasta la bóveda.

Y busco
la inmovilidad de la piedra
en el silencio de la penumbra
—un arco, una esquina, las ventanas—
y observo en su soledad
cómo se apacigua el tiempo.

31

Gran Vía

Ver el instante
que no se detiene.
En el lugar de las voces.
Donde ríe el bullicio
y nada espera.
Sombras que inventan el color
entre la efervescencia
de los pasos:
carteles luminosos
con lenguas irisadas.
Palabras que se desvanecen
entre las cornisas.
La vida es el nervio
que late en las aceras.
El camino de la sonrisa blanca.
No hay límites en el aire
que besan sus labios.
La belleza se desliza
con la ilusión del vértigo.

Rincón
de todo lo posible.

Relación de citas

1. El texto en cursiva del poema 1 se corresponde con extractos de la noticia "La Gran Vía. Inauguración de las obras", publicada en el periódico *El liberal*, el 5 de abril de 1910.

2. El primer párrafo en cursiva del poema 2 es en parte un extracto del libro *La Gran Vía de Madrid. Historia social de una ciudad extinta (1860-1936),* de Santiago de Miguel Salanova (Asociación Cultural y Científica Iberoamericana, 2017). El segundo párrafo en cursiva es un extracto reordenado de un artículo de Ramón Gómez de la Serna en *Nuevo Mundo*, dentro de la sección que tenía este escritor y que se llamaba *Marginalia.* En concreto el artículo se titula *Nuevas siluetas de los derribos.* Finalmente, el tercer párrafo en cursiva es un extracto del testimonio oral de Doña Dolores Atienza, quien escuchó a su padre esa historia. Se recoge en el libro de Ignacio Merino *Biografía de la Gran Vía,* Ediciones B, 2010.

3.El primer y el segundo párrafo en cursiva del poema 3 son una cita del libro *La Gran Vía de Madrid. Historia social de una ciudad extinta (1860-1936),* escrito por Santiago de Miguel Salanova. El tercer párrafo en cursiva pertenece a *Aurora roja* de Pío Baroja y es citado en el libro de Santiago de Miguel Salanova al que se ha hecho referencia.

4. Los textos en cursiva del poema 6 pertenecen al libro *Biografía de la Gran Vía* de Ignacio Merino.

5. Los textos en cursiva del poema 7 fueron publicados por Antonio Guzmán Merino en la revista *Cinegramas* en marzo de 1936 dentro de la sección denominada *La semana cinematográfica.*

6. Los textos en cursiva del poema 8 son extractos de noticias publicadas el 19 de julio de 1936 por los periódicos *El Liberal* y *Ahora.*

7. La cita del artículo de Ernest Hemingway del poema 9 fue publicada por la editorial Planeta en *Enviado especial*, Ernest Hemingway, 1977. Traducción de Agustín Puig.

8. La cita inicial del poema 10 es un extracto del artículo "Diez curiosidades de la calle más icónica de Madrid, la Gran Vía", publicado por A. Delgado, en el Diario ABC el 9 de febrero de 2016.

9. La cita del poema 12 pertenece al libro *Ouka Leele. Biografía. Entrevistas del editor.* J.D. Álvarez, Neverland Ediciones, 2022.

10. El poema 13 cita en su inicio un extracto del artículo "Los secretos de la nueva Diana Cazadora de la Gran Vía", publicado en *eldiario.es* el 31 de mayo de 2017 por Diego Casado, recogiendo las palabras de Natividad Sánchez, autora de la estatua de Diana Cazadora.

11. La cita con la que se inicia el poema 23 pertenece al artículo publicado en el diario *El País* por Juan José Mateo, titulado "*Un cambio de talante para reformar un edifico protegido en plena Gran Vía*".

ÍNDICE

Esta obra
se acabó de imprimir
con los auspicios de
Charo Fierro y
Antonio J. Huerga, editores

FINIS CORONAT OPUS